Em nome de Jesus

Dados Internacionais de Catalogação na Publicação (CIP)
(Câmara Brasileira do Livro, SP, Brasil)

Nouwen, Henri, 1932-1996
 Em nome de Jesus : reflexões sobre liderança cristã /
Henri Nouwen ; tradução de Luciana Chagas. – Petrópolis, RJ :
Editora Vozes, 2024.

 Título original: In the name of Jesus
 ISBN 978-85-326-6708-3

 1. Cristianismo 2. Liderança cristã 3. Missão da Igreja
4. Oração – Cristianismo 5. Reflexões teológicas I. Título.

23-169570   CDD-253

Índices para catálogo sistemático:
1. Liderança cristã : Cristianismo   253

Eliane de Freitas Leite – Bibliotecária – CRB-8/8415

HENRI NOUWEN

Em nome de Jesus

Reflexões sobre
lideranço cristã

Tradução de Luciana Chagas

Petrópolis

© 1989 by Henri J. M. Nouwen
Livro publicado mediante acordo com The Crossroad Publishing Company

Tradução do original em inglês intitulado
In the Name of Jesus – Reflections on Christian Leadership.

Direitos de publicação em língua portuguesa – Brasil:
2024, Editora Vozes Ltda.
Rua Frei Luís, 100
25689-900 Petrópolis, RJ
www.vozes.com.br
Brasil

Todos os direitos reservados. Nenhuma parte desta obra poderá ser reproduzida ou transmitida por qualquer forma e/ou quaisquer meios (eletrônico ou mecânico, incluindo fotocópia e gravação) ou arquivada em qualquer sistema ou banco de dados sem permissão escrita da editora.

CONSELHO EDITORIAL

Diretor
Volney J. Berkenbrock

Editores
Aline dos Santos Carneiro
Edrian Josué Pasini
Marilac Loraine Oleniki
Welder Lancieri Marchini

Conselheiros
Elói Dionísio Piva
Francisco Morás
Gilberto Gonçalves Garcia
Ludovico Garmus
Teobaldo Heidemann

Secretário executivo
Leonardo A.R.T. dos Santos

Diagramação: Monique Rodrigues
Revisão gráfica: Nilton Braz da Rocha
Capa: Monique Rodrigues
Foto do autor: Henri J.M. Nouwen, foto por Kevin F. Dwyer, permissão de Henri J.M. Nouwen – Archives at the University of St. Michael's College

ISBN 978-85-326-6708-3 (Brasil)
ISBN 0-8245-0915-3 (Estados Unidos)

Este livro foi composto e impresso pela Editora Vozes Ltda.

Para
Murray McDonnell

Sumário

Agradecimentos, 9

Prólogo, 11

Introdução, 17

Parte I – Da relevância à oração, 21

  1 A tentação: ser relevante, 23

  2 A pergunta: "Tu me amas?", 29

  3 A disciplina: oração contemplativa, 33

Parte II – Da popularidade ao ministério, 37

  4 A tentação: ser espetacular, 39

  5 A tarefa: "Apascenta as minhas ovelhas", 43

  6 A disciplina: confissão e perdão, 47

Parte III – Da liderança à condição de liderado, 51

  7 A tentação: ser poderoso, 53

  8 O desafio: "Alguém vai conduzir você", 57

  9 A disciplina: reflexão teológica, 61

Conclusão, 65

Epílogo, 67

Guia de estudos, 73

Agradecimentos

Durante a escrita deste livro, recebi apoio de valor imensurável. Quero expressar particular gratidão a Connie Ellis por sua assistência como secretária, a Conrad Wieczorek pela habilidosa edição do original desta obra, e a Sue Mosteller pelos comentários perspicazes sobre o conteúdo aqui abordado. Também quero agradecer a Bob Heller, que preside o grupo editorial Crossroad e foi a primeira pessoa a sugerir que este texto fosse publicado em forma de livro.

A reação mais vivificante e encorajadora a *Em nome de Jesus* veio de Gordon Cosby e Diana Chambers, da Igreja do Salvador em Washington, D.C.

Eles me contaram que a proposta de sua recém-criada Escola de Liderança Servil é formar líderes cristãos pautados pela visão expressa nestas páginas. A Escola de Liderança Servil visa fomentar uma liderança cristã na qual a vida comunitária de oração, confissão e perdão esteja intimamente ligada à vida ministerial em meio aos pobres dos centros urbanos.

A Escola de Liderança Servil oferece uma oportunidade única de trilhar uma jornada espiritual em que a oração incessante e o serviço engajado sejam vivenciados como duas características indissociáveis próprias do chamado de Jesus.

Sinto-me imensamente grato por saber que o que está escrito aqui tem se manifestado de maneira efetiva numa nova escola de discipulado cristão.

Prólogo

Quando meu amigo Murray McDonnel me fez uma visita na comunidade Daybreak, perto de Toronto, no Canadá, ele me perguntou se eu tinha interesse em falar sobre liderança cristã no século XXI por ocasião do 15º aniversário do Centro de Desenvolvimento Humano, em Washington, D.C. Embora estivesse começando a exercer seu ministério presbiteral em Daybreak, uma das comunidades L'Arche para pessoas com deficiência mental, eu não quis desapontar Murray, que havia dedicado muito tempo e energia ao crescimento daquele centro, cujo conselho presidia. Também conheci o Padre Vincent Dwyer, fundador do centro, e nutri grande admiração por seu empenho em ajudar sacerdotes e ministros que buscavam integridade emocional e espiritual. Assim, aceitei o convite.

Porém, depois de aceitá-lo, percebi que não era nada fácil estabelecer uma perspectiva razoável acerca de uma liderança cristã para o século XXI. Em sua maioria, o público seria composto de presbíteros altamente comprometidos em ministrar a seus colegas de ofício. O que eu poderia dizer a pessoas que, dia após dia, refletem sobre o futuro do sacerdócio e do ministério na Igreja? Outra coisa que considerei foi como seria possível olhar adiante, para o novo século, se eu mesmo acreditava que, nos anos de 1950, ninguém poderia ter vislumbrado as circunstâncias em que hoje se encontra grande parte dos sacerdotes. Contudo, quanto mais eu dizia "Não dou conta disso", mais descobria dentro de mim um anseio por colocar em palavras as ideias que, desde minha chegada a Daybreak, tinha desenvolvido acerca do ministério. Por muitos anos, eu havia lecionado sobre esse assunto. Agora, tendo deixado a vida acadêmica e sido chamado a servir como sacerdote entre pessoas com deficiência mental e seus cuidadores, eu me perguntei: "Depois de vinte anos falando a rapazes e moças que se preparavam para o ministério, como é que deve ser minha vida diária? O que penso do meu ministério e qual é a influência dessa reflexão sobre minhas palavras e ações cotidianas?"

Também me dei conta de que não devo me preocupar quanto ao amanhã, à próxima semana, ao ano vindouro ou ao próximo século. Quanto maior fosse minha disposição a olhar com honestidade para o que pensava, dizia e fazia a cada momento, mais facilmente eu entraria em contato com o movimento do Espírito Santo em mim, guiando-me na direção do futuro. Deus é Deus do agora e se revela àqueles que desejam atentar-se a cada experiência enquanto dão os passos que os conduzirão ao porvir. "Não vos preocupeis com o dia de amanhã", disse Jesus. "O dia de amanhã terá suas próprias dificuldades. A cada dia basta o seu peso" (Mt 6,34).

Tendo isso em mente, comecei a escrever sobre o que mais mexia comigo quanto à vida cotidiana de um sacerdote em Daybreak. De forma cuidadosa, eu buscava discernir quais das minhas experiências e ideias podiam ressoar entre sacerdotes e ministros que viviam em contextos muito distintos uns dos outros. Esta obra é resultado de tal busca.

Todavia, antes de concluir este comentário inicial, devo dizer a você, leitor deste livreto, que não fui sozinho a Washington, D.C. Enquanto preparava minha apresentação para o evento, fui tomado por uma profunda consciência de que Jesus não enviou seus discípulos para pregarem a Palavra sozinhos. Ele os enviou de dois em dois. Comecei a questionar por que ninguém tinha planos de me acompanhar. Se hoje realmente compartilho a vida com pessoas com deficiência mental, por que não pedir que uma delas se junte a mim na caminhada e também no ministério?

Depois de algumas reuniões, o pessoal de Daybreak resolveu enviar Bill Van Buren comigo. Assim que cheguei à comunidade, Bill e eu nos tornamos bons amigos. Dentre todas as pessoas com deficiência que viviam ali, ele era quem tinha maior habilidade para se expressar com palavras e gestos. Desde o início de nossa amizade, Bill demonstrou verdadeiro interesse em meu ministério sacerdotal e se prontificou a me auxiliar durante as celebrações. Um dia, ele me contou que não havia sido batizado e manifestou um forte desejo de ser parte da Igreja; sugeri que procurasse um curso paroquial voltado a interessados em se batizar. Ele então frequentou assiduamente a paróquia local nas noites de quinta-feira. Embora as demoradas, e por vezes complexas, exposições e discussões extrapolassem as capacidades mentais de Bill, ele realmente se percebia como parte daquele grupo. Sentia-se aceito e amado. Recebeu muita coisa ali e, com seu coração generoso, retribuiu muito. O Batismo, a Crisma e a Primeira Comunhão de Bill, ocorrida durante a Vigília Pascal, de fato se tornaram um marco em sua vida. A despeito de sua limitada habilidade para se expressar com abundância de palavras, ele se sentiu profundamente tocado por Jesus e descobriu o que significa ser renascido da água e do Espírito Santo.

Diversas vezes eu disse a Bill que quem é batizado e crismado tem uma nova vocação: proclamar a outros a Boa-nova de Jesus. Bill me ouviu atentamente e, quando o convidei para que me acompanhasse na viagem a Washington, D.C. para falar a sacerdotes e ministros, ele aceitou como se aquilo fosse um convite para juntar-se a mim no ministério.

– Estamos juntos nessa – disse ele em diversas ocasiões, nos dias que antecederam nossa partida.

– Sim – respondi a cada vez. – Estamos juntos nessa. Você e eu vamos a Washington para proclamar o Evangelho.

Bill não duvidou da veracidade dessa afirmação nem por um instante sequer. Enquanto eu me preocupava sobre o que dizer e como dizer, ele se mostrava seguro de sua tarefa. E, enquanto eu achava que o fato de ele viajar comigo seria, sobretudo, algo que lhe faria bem, desde o início Bill estava convencido de que me ajudaria. Mais tarde, percebi que ele sabia mais das coisas do que eu. Quando embarcamos no avião, em Toronto, Bill lembrou:

– Estamos juntos nessa, não é?

– Sim, Bill – disse eu. – Claro que estamos.

Depois que eu contar a você o que falei em Washington, vou relatar com mais detalhes o que aconteceu ali e explicar por que a presença de Bill muito provavelmente teve impacto mais duradouro que as minhas palavras.

Introdução

O apelo por uma reflexão sobre liderança cristã no novo século suscitou em mim uma boa dose de ansiedade. O que posso dizer acerca do século XXI se fico sem jeito quando me perguntam sobre o próximo mês? Depois de muita agitação interna, decidi me manter o mais alinhado possível com o meu próprio coração. Perguntei a mim mesmo: "Que decisões você vem tomando nos últimos tempos e o que elas indicam sobre seu modo de perceber o futuro?" De alguma forma, preciso confiar que Deus está trabalhando em mim e que a maneira como sou conduzido a novos espaços internos e externos é parte de um movimento maior do qual sou uma parte diminuta.

Após vinte anos no meio acadêmico como professor de psicologia pastoral, teologia pastoral e espiritualidade cristã, comecei a experimentar uma séria intimidação vinda de mim mesmo. Conforme adentrei minha quinta década de existência e notei que viver outros cinquenta anos era algo improvável, eu me vi diante de um simples questionamento: "À medida que envelheci, fiquei mais perto de Jesus?" Depois de vinte e cinco anos de sacerdócio, eu me peguei orando de maneira medíocre, vivendo, em certo sentido, isolado das pessoas e me preocupando demais com as pautas polêmicas da vez. Todos afirmavam que eu ia muito bem, mas algo dentro de mim me dizia que meu sucesso estava colocando minha própria alma em risco. Comecei a me perguntar se minha negligência para com a oração contemplativa, minha solidão e meu comportamento do tipo "fogo de palha" quanto a assuntos que pareciam de maior urgência em cada ocasião eram sinais de que o Espírito estava sendo sufocado pouco a pouco. Foi muito difícil para mim perceber isso com tanta clareza. E, embora eu nunca me referisse ao inferno, ou só o fizesse por brincadeira, certo dia acordei com a sensação de que eu vivia num lugar sombrio e que a palavra *burnout* traduzia de modo bastante pertinente, em termos de psicologia, o que é a morte espiritual.

Em meio a tudo isso, eu orava: "Senhor, mostra-me aonde queres que eu vá, e eu te seguirei; mas, por favor, sê claro e objetivo!" E Deus foi. Por meio de Jean Vanier, fundador das comunidades L'Arche para pessoas com deficiência mental, Deus disse: "Vá viver entre os pobres de espírito, e eles curarão você". O chamado foi tão claro e inconfundível que não tive outra opção senão atender a ele.

Assim, mudei-me de Harvard para L'Arche, deixei o grupo dos melhores e mais admiráveis, gente que queria governar o mundo, e fui para junto de homens e mulheres que dispunham de poucas palavras – ou de nenhuma – e eram considerados, na melhor das hipóteses, irrelevantes diante das demandas da sociedade. Foi uma mudança muito difícil e dolorosa; na verdade, um processo pelo qual ainda estou passando. Para quem passa vinte anos desfrutando de liberdade para ir onde quer e discutir o que bem entende, partilhar de uma vida discreta e tacanha – com pessoas cujos corpos e mentes demandam uma rotina diária rigorosa na qual as palavras têm valor mínimo – não parece ser a solução mais indicada para o esgotamento espiritual. Apesar disso, minha vida em L'Arche me provê de novas palavras para me referir à liderança cristã do futuro, pois ali me deparei com todos os desafios que enfrentamos como ministros da Palavra de Deus.

Portanto, vou apresentar algumas cenas da minha vida junto de pessoas que têm algum tipo de deficiência mental. Espero que tais cenas sirvam de indícios sobre a direção a seguir quando você pensar sobre a liderança cristã do futuro. Ao partilhar minhas reflexões, vou me orientar por dois episódios dos evangelhos: a história da tentação de Jesus no deserto (Mt 4,1-11) e a história do chamado de Pedro ao serviço pastoral (Jo 21,15-19).

PARTE I

• • • •

Da relevância à oração

Não é só de pão que vive o ser humano, mas de toda palavra que sai da boca de Deus (Mt 4,4).

1

A tentação: ser relevante

A primeira coisa que me deixou aturdido quando passei a dividir uma casa com pessoas que têm deficiência mental foi que o fato de elas gostarem ou desgostarem de mim não tinha absolutamente nada a ver com nenhum dos feitos importantes que eu realizara até então. Dado que ninguém ali podia ler meus livros, eles não provocavam admiração nenhuma; e dado que boa parte daquela gente nunca frequentou a escola, os vinte anos que dediquei a Notre Dame, Yale e Harvard não me serviam de cartão de visitas prestigioso. Minha considerável experiência ecumênica se mostrou ainda menos proveitosa. Quando ofereci um pouco de carne a um dos cuidadores durante o jantar, um dos homens com deficiência me disse: "Não dê carne a ele. Ele não come carne. É presbiteriano".

A impossibilidade de recorrer a qualquer dos talentos que outrora haviam se provado tão úteis foi uma verdadeira fonte de ansiedade. De repente, vi meu eu desnudo, exposto a aprovações e rejeições, abraços e sopapos, sorrisos e lágrimas, tudo a depender meramente de como me percebiam a cada instante. De alguma maneira, parecia que eu estava começando minha vida do zero. Relacionamentos, vínculos e reputação não tinham mais nenhum valor.

Essa foi – e, em certo sentido, ainda é – uma das experiências mais importantes da minha nova vida, pois me obrigou a redescobrir minha verdadeira identidade. Aquela gente inepta, ferida e completamente despretensiosa me forçou a abandonar meu eu relevante, um eu capaz de realizar, exibir, comprovar e construir coisas. Também me forçou a reivindicar aquele eu sem adornos, no qual me vejo de todo vulnerável, exposto a receber e a dar amor independentemente de qualquer conquista.

Estou contando isso porque tenho absoluta convicção de que o líder cristão do futuro é chamado a ser completamente irrelevante e a se manter neste mundo como alguém que não tem nada a oferecer exceto seu eu vulnerável. Foi assim que Jesus veio revelar o amor de Deus. Como ministros da Palavra e seguidores de Jesus, a grande mensagem que nos cabe transmitir é que Deus nos ama não pelo que fazemos ou conquistamos, mas porque Ele mesmo nos criou e nos redimiu em amor. Ele nos escolheu para proclamar que esse amor é a verdadeira fonte de toda vida humana.

A primeira tentação de Jesus foi ganhar notoriedade transformando pedras em pão. Ah, quantas vezes eu quis ser capaz de fazer isso! Ao caminhar nas periferias de Lima, no Peru, mais especificamente nas "cidades jovens", onde crianças morrem de desnutrição e também pela contaminação da água, eu não conseguiria rejeitar o dom mágico de transformar ruas de paralelepípedo empoeiradas em lugares onde as pessoas pudessem pegar uma daquelas inúmeras pedras e então descobrir que, na verdade, elas eram *croissants*, bolinhos de café, pãezinhos de leite recém-saídos do forno. Em lugares onde pudessem juntar as mãos em forma de concha, enchê-las de água de poço parada e então alegrar-se ao perceber que estavam bebendo um leite saboroso. Acaso nós, sacerdotes e ministros, não somos chamados a dar assistência, a alimentar os famintos e a salvar quem está à míngua? Não somos chamados a realizar algo que leve as pessoas a perceber que fazemos diferença na vida delas? Não somos chamados a curar os enfermos, a nutrir quem tem fome e a aliviar o sofrimento do miserável? Jesus se defrontou com essas mesmas indagações, mas, quando convocado a provar seu poder como Filho de Deus por meio do impressionante ato de transformar pedras em pães, Ele se aferrou à sua missão de proclamar a Palavra, dizendo: "Não é só de pão que vive o ser humano, mas de toda palavra que sai da boca de Deus" (Mt 4,4).

Uma das maiores aflições que se podem experimentar no ministério é a baixa autoestima. Muitos sacerdotes e ministros se dão conta, cada vez mais, de que seu poder de influência é muito pequeno. Estão sempre bastante ocupados, mas quase não veem mudanças acontecerem;

seus esforços parecem inúteis. Eles notam que o número de pessoas na igreja só diminui e que, não raro, psicólogos, psicoterapeutas, médicos e conselheiros de casais os superam em credibilidade. Para muitos líderes cristãos, uma das mais dolorosas descobertas é reconhecer que, a cada dia, menos jovens se sentem atraídos a seguir seus passos. Parece que, atualmente, não vale mais a pena dedicar a vida ao sacerdócio ou ministério. Ao mesmo tempo, hoje há pouco apreço e muita crítica à Igreja; e quem é que consegue se manter vivo nesse tipo de ambiente sem sucumbir a algum tipo de depressão?

O mundo secular à nossa volta diz bem alto: "Somos capazes de viver por conta própria. Não precisamos de Deus, nem de Igreja, nem de sacerdote. Estamos no controle da nossa vida; e se assim não for, temos que dar duro para assumir esse controle. O problema não é falta de fé, mas de competência. Se você está enfermo, precisa de um médico competente; se é pobre, precisa de políticos competentes; se a questão é de caráter técnico, são necessários engenheiros competentes; se existem guerras, é preciso haver negociadores competentes. Há séculos, Deus, Igreja e ministros vêm sendo usados para preencher os vazios resultantes da incompetência, mas hoje esses espaços estão sendo ocupados de outras formas, e já não precisamos mais de respostas espirituais para questões práticas".

Nessa atmosfera de secularização, os líderes cristãos se sentem cada vez menos relevantes e cada vez mais marginalizados. Muitos começam a se perguntar por que deveriam prosseguir no ministério. Por vezes, desistem, desenvolvem uma nova habilidade e se juntam a seus contemporâneos na tentativa de contribuir, de forma significativa, para um mundo melhor.

Mas há uma história completamente diferente a ser contada. Por debaixo de todas as grandes conquistas de nosso tempo, há uma profunda onda de desespero. Por um lado, eficiência e controle são as grandes aspirações de nossa sociedade; por outro, solidão, isolamento, falta de amigos e de intimidade, relacionamentos falidos, tédio, sentimento de vazio e depressão, bem como uma profunda sensação de inutilidade, ocupam o coração de milhões de pessoas neste nosso mundo que visa ao sucesso.

O romance *Abaixo de zero* (Rocco, 2012), de Bret Easton Ellis, oferece uma descrição bastante vívida da miséria moral e espiritual subjacente à fachada de riqueza, sucesso, popularidade e poder que hoje se impõe. Valendo-se de pausas dramáticas, à moda de um *staccato*, o autor descreve o contexto de sexo, drogas e violência entre garotos e garotas adolescentes filhos de magnatas do entretenimento em Los Angeles. E o clamor que se ergue dos bastidores de toda essa decadência é bem audível: "Existe alguém que me ame? Alguém que realmente se importe? Alguém que queira estar comigo quando eu me descontrolar ou quiser chorar? Alguém que possa me abraçar e me prover de um senso de pertencimento?" Ao observar nossa sociedade aparentemente autoconfiante, percebemos que a sensação de irrelevância é uma experiência muito mais comum do que imaginamos. A tecnologia médica e o trágico aumento no número de abortos pode reduzir de forma drástica a quantidade de pessoas com deficiência mental em nossa sociedade; em contrapartida, já está se tornando nítido que mais e mais pessoas vêm sofrendo de sérias deficiências morais e espirituais, e essa gente não tem a menor ideia de onde buscar a cura.

É nesse cenário que a necessidade de uma nova liderança cristã se evidencia. Os líderes do futuro serão aqueles que ousarem reivindicar a própria irrelevância no mundo de seu tempo como uma divina vocação. Essa vocação lhes permitirá envolver-se em íntima solidariedade com a angústia oculta atrás de todo o brilho do sucesso e, então, iluminá-la com a luz de Jesus.

2

A pergunta: "Tu me amas?"

Antes de atribuir a Pedro a tarefa do pastoreio, Jesus lhe perguntou: "Simão, filho de João, tu me amas mais do que estes?" E de novo: "tu me amas?" E ainda uma terceira vez: "tu me amas?" (Jo 21,15-17). Devemos considerar essa pergunta o cerne de todo o nosso ministério cristão, pois é ela que nos possibilita ser, ao mesmo tempo, irrelevantes e verdadeiramente autoconfiantes.

Olhe para Jesus, a quem o mundo não deu nenhuma atenção. Jesus foi crucificado e descartado. Sua mensagem de amor foi rejeitada por um mundo ávido por poder, produtividade e controle. Mas então, num corpo glorificado e marcado por cicatrizes, Ele apareceu diante de uns poucos amigos que tiveram olhos para ver, ouvidos para ouvir e coração para compreender. Esse Jesus rejeitado, desconhecido e ferido tão somente indagou: "Vocês me amam? Me amam de verdade?" Aquele cujo único interesse havia sido anunciar o amor incondicional de Deus só tinha um questionamento a fazer: "Vocês me amam?"

A pergunta não é: "Quantas pessoas levam você a sério?", "Aonde você consegue chegar?" ou "Pode me mostrar alguns resultados?", mas: "Você é apaixonado por Jesus?". Talvez uma outra maneira de perguntar isso seria: "Você conhece o Deus encarnado?" Neste mundo permeado de solidão e desespero, há uma demanda imensa por homens e mulheres que conheçam o coração de Deus, um coração que perdoa, cuida, oferece apoio e anseia por promover cura. Esse coração está acima de qualquer suspeita, não é vingativo nem ressentido, e nele não há o menor traço de rancor. É um coração que só quer dar e receber amor. Que sofre ao extremo diante da magnitude da dor vivida pela humanidade, bem como da enorme resistência humana a confiar nele, nesse coração que almeja oferecer consolo e esperança.

O líder cristão do futuro conhece genuinamente o coração de Deus, que se tornou carne em Jesus – "um coração de carne". Conhecer o coração de Deus significa anunciar e revelar, de modo consistente, radical e tangível, que Deus é amor, só amor. E que, quando o medo, o isolamento ou o desespero começa a invadir a alma humana, isso não tem origem em Deus. Essa verdade parece bastante simples ou mesmo banal, mas pouquíssimas pessoas sabem que são amadas sem nenhum pré-requisito ou restrição.

Esse amor incondicional e irrestrito corresponde ao que o evangelista João chama de "primeiro amor de Deus". João declara: "Nós amamos porque Ele nos amou primeiro"

(1Jo 4,19). O amor que costuma nos deixar em dúvida, frustrados, nervosos e ressentidos é o segundo amor, ou seja, a aprovação alheia, o apreço, a simpatia, o incentivo e o apoio que recebemos de nossos pais, professores, cônjuges e amigos. Todos sabemos quão limitado, deficitário e frágil é esse amor. Por trás das muitas expressões do segundo amor, existe sempre a possibilidade de haver rejeição, abandono, castigo, chantagem, violência e até ódio. Muitos filmes e peças de teatro atuais retratam as ambiguidades e ambivalências implicadas nas relações humanas, e não existe amizade, casamento ou comunidade em que as cargas e tensões do segundo amor não sejam fortemente sentidas. Com frequência, parece que, sob as cordialidades da vida cotidiana, há muitas feridas abertas, as quais podem atender pelos nomes de desamparo, traição, rejeição, rompimento e perda. Tudo isso compõe o lado sombrio do segundo amor e revela a escuridão que nunca se retira por completo do coração humano.

A boa e radical notícia é que o segundo amor não passa de uma imagem distorcida do primeiro amor e que este nos é oferecido por um Deus em quem não há sombras. O coração de Jesus encarna o primeiro amor de Deus, no qual não existe nenhuma escuridão. Desse coração fluem rios de água viva. Jesus clama em alta voz: "Se alguém tiver sede, venha a mim e beba. Quem crê em mim [...] do seu interior correrão rios de água viva" (Jo 7,37-38). "Vinde a mim vós todos, que estais cansados e sobrecarregados, e eu vos darei descanso. Tomai sobre vós o meu jugo e aprendei de mim que sou manso e humilde de coração, e achareis descanso para vossas almas" (Mt 11,28-29).

É desse coração que vêm as palavras "Tu me amas?" Conhecer o coração de Jesus e amar a Jesus são a mesma coisa. O conhecimento do coração dele é uma experiência do nosso coração. E, quando vivemos neste mundo munidos de tal conhecimento, não podemos fazer nada além de promover cura, reconciliação, vida nova e esperança aonde quer que formos. O desejo de ser relevante e bem-sucedido desaparece gradualmente, e nosso único anseio passa a ser o de expressar, com tudo o que somos, a nossos irmãos e irmãos da raça humana: "Vocês são amados. Não há motivo para sentir medo. Em amor, Deus criou seu mais íntimo ser; Ele os formou no ventre de sua mãe" (cf. Sl 139,13).

3

A disciplina: oração contemplativa

Para viver uma vida que não seja dominada pelo desejo de relevância, mas, em vez disso, esteja seguramente ancorada no conhecimento do primeiro amor de Deus, devemos ser místicos. Místico é a pessoa cuja identidade está profundamente enraizada no primeiro amor de Deus.

Se há um foco no qual o líder cristão do futuro precisará se fixar é a disciplina de habitar na presença daquele que está o tempo todo nos perguntando: "Tu me amas? Tu me amas? Tu me amas?" Trata-se de disciplina da oração contemplativa, em que podemos nos guardar de ser sugados de uma urgência a outra, bem como de nos tornar estranhos ao nosso próprio coração e ao coração de Deus. A oração contemplativa nos mantém em casa, enraizados e seguros, ainda que estejamos na estrada, deslocando-nos de um lugar a outro, por vezes em meio a sons de violência e conflito. A oração contemplativa intensifica em nós a compreensão de que já somos livres, já encontramos um lugar onde nos estabelecer, já pertencemos a Deus, mesmo que tudo e todos à nossa volta continuem dizendo o contrário.

Aos sacerdotes e aos ministros do futuro não basta serem pessoas éticas, bem treinadas, ávidas por ajudar outros seres humanos e capazes de responder criativamente às polêmicas de seu tempo. Tudo isso é muito apreciável e importante, mas não é o que caracteriza o coração do líder cristão. A questão central é: os líderes do futuro são, de fato, homens e mulheres de Deus, gente tomada pelo intenso desejo de habitar na presença desse Deus, ouvir sua voz, enxergar sua beleza, tocar sua Palavra encarnada e provar de sua infinita bondade?

O significado original da palavra "teologia" era "união com Deus em oração". Hoje, a teologia não passa de uma disciplina acadêmica em meio a muitas outras, e, não raro, os teólogos acham difícil orar. Mas, para o líder cristão do futuro, é de vital importância reivindicar o aspecto místico da teologia a fim de que toda palavra que proferirem, todo conselho que oferecerem e toda estratégia que desenvolverem venham de um coração que conhece a Deus intimamente. Tenho a impressão de que muito do que é debatido na Igreja acerca de temas como a função do papa, a ordenação de mulheres, o casamento de sacerdotes, a homossexualidade, a contracepção, o aborto e a eutanásia ocupam o topo da escala moral. Nesse lugar, diferentes grupos batalham entre si quanto ao que é certo ou errado. Porém, essa batalha é, em geral, desvinculada da experiência do primeiro amor de Deus, no qual está a base de toda relação humana.

Termos como "direitista", "reacionário", "conservador", "liberal" e "esquerdista" são usados para descrever opiniões pessoais; com isso, muitas discussões estão mais para disputas políticas por poder do que para buscas espirituais pela verdade.

Os líderes cristãos não podem se contentar em ser apenas pessoas de opinião bem formada acerca dos temas polêmicos de sua época. Eles devem exercer uma liderança enraizada num relacionamento íntimo e permanente com Jesus, a Palavra encarnada, e é disso que devem extrair suas falas, conselhos e orientações. Mediante a disciplina da oração contemplativa, os líderes cristãos devem aprender a ouvir vez após vez a voz do amor, encontrando nela a sabedoria e a coragem para lidar com qualquer questão que apareça. Tratar de assuntos prementes sem que se esteja arraigado em uma profunda relação pessoal com Deus é uma conduta que pode facilmente resultar em dissensão, pois, antes que nos demos conta, nosso senso de identidade é fisgado pela nossa opinião sobre um tópico qualquer. Todavia, quando estamos firmemente arraigados em intimidade pessoal com a fonte da vida, podemos nos manter flexíveis sem cair no relativismo; temos convicções, mas não somos intolerantes; discordamos sem ofender; somos gentis e perdoamos sem precisar ser indulgentes; somos testemunhas fiéis sem recorrer a manipulações.

Para que a liderança cristã seja realmente frutífera no porvir, ela terá de se mover da moral para a mística.

PARTE II

• • • •

Da popularidade ao ministério

*Apascenta os meus cordeiros.
[…] Apascenta as minhas ovelhas*
(Jo 21,15-17).

4

A tentação: ser espetacular

Permita-me relatar outra experiência resultante da minha mudança de Harvard para L'Arche. Teve a ver com ministério compartilhado. Estudei num seminário no qual aprendi que a atividade ministerial tinha caráter essencialmente individual. Eu deveria ser bem treinado e bem formado; assim, após seis anos de treinamento e formação, fui considerado apto para pregar, aconselhar, ministrar os sacramentos e dirigir uma paróquia. Isso me fez sentir como um homem enviado a uma trilha bastante longa, carregando uma mochila cheia de tudo o que fosse necessário para ajudar as pessoas que encontrasse pelo caminho.

Para perguntas, havia respostas; para problemas, soluções; e para dores, remédios. Bastava saber exatamente com qual dos três cenários eu estava lidando em cada ocasião. Com o passar dos anos, percebi que as coisas não são tão simples assim; entretanto, a abordagem primordialmente individualista de meu ministério não mudou. Ao me tornar professor, fui ainda mais incentivado a agir por conta própria. Eu podia escolher meu assunto de interesse, meu método de ensino e, às vezes, até mesmo meus alunos. Ninguém sequer questionava meu jeito de fazer as coisas. E, quando deixava a sala de aula, eu tinha total liberdade para fazer o que quisesse. Afinal, todos temos o direito de viver nossa vida particular em… particular!

Quando fui para a comunidade L'Arche, porém, esse individualismo foi radicalmente confrontado. Ali, eu era só mais um entre muitos que tentavam conviver de forma leal com pessoas com deficiência mental; e o fato de eu exercer o sacerdócio não era uma licença para que fizesse as coisas do meu jeito. De repente, todo mundo queria saber meu paradeiro a cada hora, e todo movimento meu estava sujeito à prestação de contas. Um dos integrantes da comunidade foi incumbido de me acompanhar, e se formou um pequeno grupo para me ajudar a decidir quais convites deveria aceitar e quais recusar. Além disso, a pergunta que as pessoas com deficiência mental mais me faziam era: "Você vai estar em casa hoje à noite?" Certa vez, parti para uma viagem sem me despedir de Trevor, uma pessoa com deficiência com quem moro. A primeira chamada telefônica que recebi ao chegar ao meu destino foi justamente dele, que me disse aos prantos: "Henri, por que você nos deixou? Estamos sentindo muito sua falta. Volte, por favor!"

Morando numa comunidade de gente bastante ferida, percebi que eu tinha passado a maior parte da minha vida como um equilibrista de corda bamba, tentando andar sobre um cabo de aço fino fixado bem alto de um mastro a outro. Estava sempre à espera de aplausos por não cair nem quebrar a perna

A segunda tentação a que Jesus foi exposto foi exatamente a de fazer algo espetacular, algo pelo qual receberia muitos aplausos. "Lança-te do parapeito do templo e deixe que os anjos o agarrem e o conduzam em seus braços" (cf. Mt 4,6). Mas Jesus recusou-se a mostrar proezas. Ele não veio para provar quem era. Não veio para andar sobre carvão em brasa, engolir fogo ou colocar a mão na boca de leões a fim de demonstrar que tinha algo importante a dizer. "Não tentarás o Senhor teu Deus" (Mt 4,7), respondeu.

Quando olhamos para a Igreja atual, é fácil notar a predominância do individualismo entre ministros e sacerdotes. Em nosso meio não há muitos que disponham de vasto repertório de habilidades das quais possam se gabar, mas a maioria ainda acha que, se tiver qualquer coisa para exibir, deve fazer disso uma apresentação solo. Pode-se dizer que muitos de nós nos sentimos como equilibristas malsucedidos: descobrimos que não temos o poder de atrair milhares de pessoas, não somos capazes de garantir grande número de conversões, não temos talento para criar belas liturgias, não somos tão populares entre a garotada, os jovens adultos e os mais idosos quanto gostaríamos e não podemos atender às demandas dos outros tanto quanto imaginávamos. Contudo, a maioria de nós ainda acredita que, idealmente, deveria conseguir fazer isso tudo com absoluto êxito. O estrelato e o heroísmo individuais, aspectos óbvios de nossa sociedade competitiva, não são nem um pouco estranhos à Igreja. Nesta, a imagem predominante também é a do homem ou da mulher que venceu por esforços próprios e pode fazer tudo sem precisar de ninguém.

5

A tarefa: "Apascenta as minhas ovelhas"

Depois de perguntar três vezes a Pedro "Tu me amas?", Jesus lhe disse: "Apascenta os meus cordeiros. […] Apascenta as minhas ovelhas" (Jo 21,15-17). Uma vez tendo se assegurado do amor de Pedro, Jesus lhe deu a tarefa do ministério. Em nosso contexto cultural, podemos conferir a isso uma conotação bastante individualista, como se Pedro agora estivesse sendo enviado a uma missão heroica. Mas, ao falar sobre o papel do pastor, Jesus não pretende que pensemos em alguém corajoso e solitário encarregado de cuidar de um rebanho de ovelhas numerosas e obedientes. De diversas formas, Jesus deixa claro que o ministério é uma experiência mútua e comunitária.

Primeiro, Jesus envia os doze de par em par (cf. Mc 6,7). Sempre nos esquecemos de que somos enviados dois a dois. Não podemos transmitir a Boa-nova por conta própria; somos chamados a proclamar o Evangelho juntos, em comunidade. Há uma sabedoria divina aqui. "Se dois de vós se unirem na terra para pedir qualquer coisa, hão de consegui-lo do meu Pai que está nos céus. Porque onde dois ou três estiverem reunidos em meu nome, eu estarei ali no meio deles" (Mt 18,19-20). Você mesmo já deve ter observado que viajar sozinho é diferente de viajar acompanhado. Não sei quantas vezes percebi como é difícil ser realmente leal a Jesus quando estou só. Preciso que meus irmãos e irmãs orem comigo, conversem comigo sobre a tarefa espiritual que me cabe naquele momento e me desafiem a manter a mente, o coração e a alma puros. Ainda mais importante: Jesus é quem cura, não eu; Jesus é quem diz as palavras da verdade, não eu; Jesus é o Senhor, não eu. Isso se torna muito notório quando proclamamos juntos o poder redentor de Deus. De fato, sempre que ministramos juntos, as pessoas reconhecem com maior facilidade que não viemos em nosso nome, mas no nome do Senhor Jesus, que nos enviou.

No passado, viajei bastante para pregar, conduzir retiros, discursar em formaturas e proferir palestras. Sempre sozinho. Agora, porém, toda vez que minha comunidade me incumbe de falar em algum lugar, ela procura designar alguém que me acompanhe. Estar na companhia de Bill é uma experiência concreta da noção de que não devemos apenas viver em comunidade, mas também ministrar em comunidade. Bill e eu fomos enviados por L'Arche certos de que o mesmo Senhor que nos une em amor também se revelará a nós e aos outros à medida que avançarmos juntos na jornada.

E há mais quanto a isso. O ministério não é somente uma experiência comunitária: é também uma experiência mútua. Ao falar sobre seu próprio ministério pastoral, Jesus declara: "Eu sou o bom pastor. Conheço as minhas ovelhas e elas me conhecem, assim como o Pai me conhece e eu conheço o Pai. Eu dou minha vida pelas ovelhas" (Jo 10,14-15). Tal como ele serve, Jesus quer que sirvamos. Ele deseja que Pedro alimente suas ovelhas e cuide delas, não como fazem os "profissionais" que conhecem os problemas dos clientes e os atendem, mas como irmãos e irmãs vulneráveis que conhecem uns aos outros, que cuidam e são cuidados, que perdoam e são perdoados, que amam e são amados.

Por algum motivo, viemos a acreditar que a liderança exitosa demanda uma distância segura em relação àqueles que somos chamados a liderar. A medicina, a psiquiatria e o serviço social nos oferecem modelos nos quais o "serviço" ocorre em sentido único: alguém serve, outro alguém é servido – cuidado para não misturar os papéis! Mas como podemos doar nossa vida às pessoas se sequer temos permissão para estabelecer com elas um relacionamento sincero? Doar a vida significa tornar disponível aos outros nossa própria fé e nossa dúvida, esperança e aflição, alegria e tristeza, coragem e medo, para, assim, nos aproximarmos do Senhor da vida.

Não podemos curar, nem reconciliar, nem oferecer vida. Somos tão pecadores, debilitados, vulneráveis e carentes de cuidado quanto aqueles de quem cuidamos. O mistério do ofício sacerdotal é que fomos escolhidos para fazer do nosso próprio amor, limitado e inegavelmente condicional, uma via de acesso ao ilimitado e incondicional amor de Deus.

Portanto, para ser legítimo, o ministério precisa ser mútuo. Quando os membros de uma comunidade de fé não podem verdadeiramente conhecer e amar seu pastor, não demora para que a atividade pastoral se torne um sutil exercício de poder sobre eles, revelando traços autoritários e ditatoriais. O mundo em que vivemos – mundo esse baseado em eficiência e controle – não dispõe de modelos para quem deseja ser um pastor semelhante a Jesus. Até mesmo as chamadas "profissões do cuidado" foram tão massivamente secularizadas que o conceito de mutualidade é visto apenas como fraqueza ou como uma maneira arriscada de misturar responsabilidades. A liderança a que Jesus se refere é radicalmente distinta daquela proposta pelo mundo. Trata-se de uma liderança servil – termo criado por Robert Greenleaf* –, na qual o líder é um servo vulnerável que precisa das pessoas tanto quanto elas precisam dele.

Diante disso, fica evidente que a Igreja do amanhã demanda todo um novo modelo de liderança que não se espelhe nos jogos de poder mundanos, mas em Jesus, o líder servo que veio entregar a própria vida pela salvação de muitos.

---

* Robert K. Greenleaf, *Servant Leadership: A Journey into the Nature of Legitimate Power and Greatness* (Nova York: Paulist Press, 1977). Cf. tb. Robert K. Greenleaf, *The Power of Servant-Leadership* (San Francisco: Berrett-Koehler Publishers, 1998).

6

A disciplina: confissão e perdão

Em face do que foi dito, somos confrontados com a seguinte questão: que disciplina se requer do futuro líder a fim de que este vença a tentação do heroísmo individual? Quero recomendar as disciplinas da confissão e do perdão. Assim como futuros líderes devem ser místicos profundamente imersos na oração contemplativa, devem também estar sempre desejosos de confessar as próprias falhas e pedir o perdão daqueles a quem servem.

Confissão e perdão são manifestações concretas do amor que nós, pecadores, temos uns pelos outros. Frequentemente, tenho a impressão de que, no âmbito da comunidade cristã, sacerdotes e ministros são as pessoas que menos praticam a confissão. Esse sacramento costuma ser transformado num recurso para tornar nossa vulnerabilidade oculta à comunidade. Mencionam-se pecados e proferem-se palavras ritualísticas referentes ao perdão, mas raramente ocorre um real encontro no qual a presença reconciliadora e curadora de Jesus seja experimentada. Há tanto medo, distanciamento e generalização e tão pouca escuta, conversa e perdão que não se pode esperar muito pelo verdadeiro sacramento.

De que modo sacerdotes e ministros podem se sentir realmente amados e cuidados se, diante daqueles a quem servem, precisam esconder os próprios pecados e faltas e, então, fugir para longe a fim de receber de um estranho o mínimo de conforto e consolo? De que maneira as pessoas podem de fato cuidar de seus pastores e favorecer que se mantenham leais à sagrada incumbência a que foram chamados se elas não os conhecem nem conseguem amá-los com sinceridade? Não surpreende nem um pouco que tantos ministros e sacerdotes se vejam em terrível sofrimento causado por solidão emocional, por vezes carecendo muitíssimo de afeto e intimidade, ou se sintam num abismo de culpa e vergonha quando estão perante sua comunidade. Comumente, parecem afirmar: "E se eles souberem como me sinto de verdade, o que penso, quais são meus sonhos e por onde minha mente vagueia quando estou sozinho em meu gabinete?"

São justamente os homens e as mulheres dedicados à liderança espiritual que com facilidade são atraídos à mais crua carnalidade. A razão disso é que eles não sabem como viver a verdade da encarnação. Apartam-se de sua real comunidade, reagem às demandas dela ignorando-as ou atendendo-as a distância, senão a partir de lugares desconhecidos. Assim, experimentam uma cisão cada vez maior entre seu mundo interno e a Boa-nova que anunciam. Quando a espiritualidade se torna espiritualização, a vida no corpo físico se torna carnalidade. Quando ministros e sacerdotes exercem sua função focando mais no nível mental e se referem ao Evangelho como um conjunto de ideias valorosas a serem anunciadas, o corpo logo se vinga, gritando por afeto e intimidade. Líderes cristãos são chamados a viver a encarnação, ou seja, a viver no corpo – não somente em seu próprio corpo físico, mas também no corpo coletivo da comunidade – e a encontrar ali a presença do Espírito Santo.

Confissão e perdão são exatamente as disciplinas pelas quais se previnem a espiritualização e a carnalidade e se vive a verdadeira encarnação. Mediante a confissão, os poderes sombrios são arrancados do isolamento carnal em que se abrigam; então, são trazidos à luz e tornados visíveis à comunidade. Mediante o perdão, eles são desmantelados e dissipados, e uma nova integração entre corpo e espírito se faz possível.

Tudo isso pode soar bastante irrealista, mas qualquer pessoa que tenha passado por grupos de cura, como os Alcoólicos Anônimos ou Filhos Adultos de Alcoólicos, já experimentou a força curadora dessas disciplinas. Não foi em igrejas que inúmeros cristãos, incluindo sacerdotes e ministros, descobriram o profundo significado da encarnação, mas nos doze passos desses grupos. Tais cristãos tomaram ciência da presença curadora de Deus na confissão comunitária daqueles que ousam buscar por recuperação.

Não quer dizer que ministros e sacerdotes devem relatar seus pecados e faltas explicitamente em púlpito ou durante seu trabalho diário. Isso não seria saudável nem prudente, e de modo nenhum caracterizaria uma liderança servil. Quer dizer que ministros e sacerdotes também são chamados à plena membresia de sua comunidade, à qual deve prestar contas e de cujo afeto e apoio necessita. São chamados, ainda, a servir com tudo o que são, incluindo sua porção ferida.

Estou convencido de que sacerdotes e ministros, sobretudo aqueles que lidam com muita gente aflita, carecem de um lugar verdadeiramente seguro onde possam partilhar sua dor e suas lutas com pessoas que não precisam deles e que tenham condições de levá-los ainda mais fundo nos mistérios do amor de Deus. Pessoalmente, sou feliz por haver encontrado em L'Arche esse lugar, onde tenho um grupo de amigos atentos às dores que por vezes escondo; com críticas compassivas e apoio amoroso, eles me mantêm fiel à minha vocação. Torço para que cada sacerdote e cada ministro disponha de um lugar seguro como esse.

PARTE III
• • • •

Da liderança à condição de liderado

Adorarás ao Senhor teu Deus e só a Ele servirás (Lc 4,8).

7

A tentação: ser poderoso

Quero falar agora sobre uma terceira experiência relacionada à minha mudança de Harvard para L'Arche, a saber, um claro movimento em que deixei a liderança para assumir a condição de liderado. De algum modo, eu havia concluído que o envelhecimento e a maturidade me tornariam cada vez mais capaz de liderar. E, de fato, fiquei mais autoconfiante com o passar dos anos. Eu sentia que dispunha de algum conhecimento e era hábil para expressá-lo e me fazer compreendido. Assim, sentia-me cada vez mais no controle das coisas.

Mas, quando ingressei nessa comunidade de pessoas com deficiências mentais e seus cuidadores, todo controle se desfez, e percebi que cada hora, dia e mês reservava muitas surpresas para as quais eu não tinha o menor preparo. Quando Bill concordava ou discordava de um sermão meu, ele não esperava o fim da missa para me pôr a par disso. Ideias logicamente elaboradas não tinham respostas lógicas. Por vezes, as pessoas respondiam a partir de lugares muito recônditos dentro de si, mostrando-me que o que eu dizia ou fazia tinha muito pouco (ou nada) a ver com o que elas viviam. Não era mais possível calar sentimentos e emoções inegáveis usando palavras bonitas e argumentos convincentes. Quem tem capacidade intelectual reduzida deixa que seu coração amoroso, indignado e sedento fale objetivamente, sem rodeios. Sem que eu me desse conta, as pessoas com quem passei a viver me fizeram saber quanto minha liderança ainda consistia num desejo de controlar situações complicadas, emoções confusas e mentes ansiosas.

Levei bastante tempo para me sentir seguro nesse ambiente imprevisível. Há momentos em que sou ríspido e mando todo mundo ficar quieto, entrar na linha, me ouvir e acreditar no que digo. Todavia, também estou me familiarizando com o mistério contido no fato de que, em boa medida, liderar significa ser conduzido. Noto que estou aprendendo muita coisa nova, não apenas a respeito das dores e batalhas enfrentadas por gente ferida, mas sobre seus dons e encantos singulares. Essas pessoas me ensinam sobre alegria, paz, amor, cuidado e oração – coisas que eu não aprenderia em instituição acadêmica nenhuma. Além disso, elas me ensinam o que ninguém mais poderia ensinar sobre desconsolo, violência, medo e indiferença. Acima de tudo, elas me dão uma amostra do primeiro amor de Deus; muitas vezes, isso acontece quando começo a me sentir deprimido e desencorajado.

Todos sabem qual foi a terceira tentação de Jesus: a tentação do poder. O diabo lhe disse: "todos os reinos do mundo com sua glória [...] te darei" (Mt 4,8-9). Quando me pergunto qual o principal motivo por que, nas últimas décadas, tanta gente na França, na Alemanha, nos Países Baixos e também no Canadá e nos Estados Unidos deixou a Igreja, a palavra "poder" logo me vem à mente. Uma das maiores ironias da história do cristianismo é a regularidade com que seus líderes cederam à tentação do poder – político, militar, econômico, moral ou espiritual –, ainda que continuassem a falar em nome de Jesus, o qual não se apegou ao seu poder divino, mas se esvaziou de si e se tornou um de nós. A maior de todas as tentações é considerar o poder um instrumento propício à proclamação do Evangelho. Estamos sempre ouvindo dos outros e de nós mesmos que ter poder é bom, desde que seja usado a serviço de Deus e do próximo. Foi com base nessa racionalização que ocorreram as Cruzadas; que se organizaram as inquisições; que indianos foram escravizados; que palácios episcopais, catedrais esplendorosas e seminários opulentos foram erguidos; e que muitas consciências foram manipuladas em sua moral. Toda vez que identificamos uma grande crise na história da Igreja, como no Grande Cisma do século XI, na Reforma do século XVI e na enorme secularização do século XX, percebemos que uma das mais expressivas causas de ruptura é o exercício do poder por aqueles que se afirmam seguidores do Jesus pobre e oprimido.

O que faz a tentação do poder parecer tão irresistível? Talvez seja porque o poder oferece um substituto fácil para a árdua tarefa de amar. Parece mais fácil ser Deus que amar a Deus, mais fácil controlar as pessoas que amá-las, mais fácil subjugar a vida que amar a vida. Jesus pergunta: "Tu me amas?", mas nós perguntamos: "Podemos nos assentar à tua direita e à tua esquerda no teu Reino?" (cf. Mt 20,21). Temos sido tentados a trocar amor por poder desde o instante em que a serpente disse: "no dia em que dele [do fruto] comerdes, vossos olhos se abrirão e sereis como deuses, conhecedores do bem e do mal" (Gn 3,5). Jesus experimentou tal tentação durante sua jornada mais angustiante, do deserto até a cruz. A extensa e penosa história da Igreja é uma história de pessoas constantemente tentadas a escolher o poder em vez do amor, o controle em vez da cruz, a liderança em vez da condição de lideradas. Os verdadeiros santos são aqueles que resistiram a essa tentação até o fim e, desse modo, nos serviram de fonte de esperança.

Há uma coisa que considero inegável: a máxima tentação do poder acontece quando a intimidade representa uma ameaça. Em grande parte, a liderança cristã é exercida por pessoas que não sabem como desenvolver relações saudáveis e profundas, tendo optado, em vez destas, por poder e controle. Muitos cristãos que ergueram para si verdadeiros impérios foram pessoas incapazes de dar e receber amor.

8

O desafio: "Alguém vai conduzir você"

Agora devemos nos voltar novamente a Jesus. Depois de perguntar três vezes a Pedro se este o amava mais do que os outros e de três vezes designá-lo como pastor, Jesus lhe disse de forma enfática: "Na verdade eu te digo: quando eras jovem, tu te vestias para ir aonde querias, Quando envelheceres, estenderás as mãos, e será outro que as amarrará e te levará para onde não queres" (Jo 21,18). Foram essas as palavras que tornaram possível minha mudança de Harvard para L'Arche. Elas dizem respeito ao cerne da liderança cristã e são proferidas a fim de nos oferecer, em qualquer tempo, novas maneiras de abrir mão do poder e seguir a humilde jornada de Jesus. O mundo alega: "Quando novo, você era dependente e não podia ir aonde quisesse; mas, já mais velho, pode tomar suas próprias decisões, fazer as coisas do seu jeito e controlar seu destino". Porém, Jesus tem uma visão distinta acerca da maturidade: é a capacidade e a disposição de nos deixar conduzir para onde não gostaríamos de ir. Tão logo Pedro foi comissionado a liderar seu rebanho, Jesus o confrontou com a dura verdade de que o líder servo é aquele que se deixa conduzir a lugares desconhecidos, indesejáveis e espinhosos. O caminho do líder cristão não corresponde ao movimento de curva ascendente no qual nosso mundo tanto investe, mas ao de curva descendente que termina na cruz. Isso pode soar mórbido e masoquista, mas, para quem ouviu a voz do primeiro amor e respondeu "sim", a curva descendente preconizada por Jesus leva à alegria e à paz de Deus – alegria e paz que não são deste mundo.

E aqui estamos falando da característica mais importante do líder cristão do futuro. Não se trata de uma liderança pautada em poder e controle, mas na impotência e na humildade manifestas em Jesus Cristo, o servo sofredor de Deus. Claro está que não me refiro a uma liderança psicologicamente canhestra em que os líderes são meras vítimas passivas da manipulação perpetrada pelo seu entorno. Não. Refiro-me a uma liderança em que o poder é sempre preterido em favor do amor – verdadeira liderança espiritual. A vida espiritual caracterizada por impotência e humildade não tem a ver com gente sem força de caráter, que deixa os outros tomarem decisões em seu lugar. Tem a ver com pessoas tão apaixonadas por Jesus que estão prontas a segui-lo para onde for, sempre confiantes de que, na companhia dele, encontrarão vida em abundância.

O líder cristão do futuro precisa ser radicalmente desguarnecido, de modo a trilhar sua jornada sem levar consigo nada mais do que um bastão – "nem pão, nem sacola, nem dinheiro [nem] duas túnicas" (Mc 6,8). Que benefício há em ser assim? Nenhum a não ser o fato de possibilitar que desapeguemos da liderança e nos deixemos ser conduzidos. Assim, ficaremos à mercê das reações positivas e negativas daqueles a quem nos dirigimos e, então, seremos verdadeiramente conduzidos para onde o Espírito de Jesus quiser nos levar. Bens e riquezas impedem o real discernimento do caminho de Jesus. Paulo escreve a Timóteo: "Os que desejam enriquecer caem na armadilha da tentação, em muitos desejos loucos e perniciosos que mergulham as pessoas na perdição e na ruína" (1Tm 6,9). Se há alguma esperança quanto à igreja do porvir, é a de que será uma igreja modesta cujos líderes se mostrarão dispostos a ser guiados.

9

A disciplina: reflexão teológica

Que disciplina se espera, então, do líder que vive com as mãos estendidas a fim de se deixar guiar? Proponho a disciplina da incansável reflexão teológica. Assim como a oração nos mantém conectados ao primeiro amor e a confissão e o perdão garantem que nosso ministério seja mútuo e comunitário, a reflexão teológica constante nos dá senso crítico para discernir a direção em que estamos sendo conduzidos.

Poucos ministros e sacerdotes pensam teologicamente. A maioria de nós foi ensinada num contexto em que as ciências comportamentais, como a psicologia e a sociologia, dominaram o ambiente educacional a tal ponto que aprendemos muito pouco da verdadeira teologia. Ainda que se utilize de um arcabouço apoiado nas Escrituras, a maior parte dos líderes cristãos suscita questões de cunho psicológico ou sociológico. Hoje, na prática ministerial, dificilmente encontramos o verdadeiro pensamento teológico, ou seja, pensar com a mente de Cristo. Desprovidos de sólida reflexão teológica, os líderes do futuro serão pouco mais que pseudopsicólogos, pseudossociólogos, pseudoassistentes sociais. Eles se verão como capacitadores, facilitadores, modelos de conduta, figuras paternas ou maternas, irmãos ou irmãs mais velhos etc. E assim se juntarão aos incontáveis homens e mulheres que ganham a vida tentando ajudar o próximo a lidar com as cargas e tensões cotidianas.

Entretanto, isso tem pouca relação com a liderança cristã, visto que o líder cristão pensa, fala e age em nome de Jesus, que veio libertar a humanidade do poder da morte e abrir caminho para a vida eterna. Para ser esse tipo de líder, é essencial saber discernir, em cada ocasião, como Deus age na história humana e como os fatos pessoais, comunitários, nacionais e internacionais que ocorrem durante a nossa vida podem nos tornar cada vez mais atentos às formas pelas quais somos conduzidos à cruz e, por meio desta, à ressurreição.

A tarefa dos futuros líderes cristãos não é contribuir minimamente para a solução das dores e dos sofrimentos de sua época, mas identificar e anunciar as maneiras pelas quais Jesus está guiando o povo de Deus para fora da escravidão, através do deserto e rumo a uma nova terra onde reina a liberdade. Os líderes cristãos têm a árdua incumbência de responder a batalhas pessoais, conflitos familiares, calamidades nacionais e tensões internacionais mediante uma fé articulada na presença real de Deus. Devem dizer "não" a toda forma de fatalismo, derrotismo e circunstancialismo que faz as pessoas acreditarem que as estatísticas contam toda a verdade. Devem dizer "não" a toda forma de desesperança que faz a vida humana ser vista como mera questão de boa ou má sorte. Devem dizer "não" a tentativas sentimentalistas de fazer as pessoas desenvolverem uma postura resignada ou uma indiferença estoica diante da inevitabilidade da dor, do sofrimento e da morte. Em resumo, devem dizer "não" ao mundo secular e, de modo inequívoco, proclamar que a encarnação da Palavra de Deus, por quem todas as coisas vieram a existir, tornou até o mais irrisório evento da história humana em *kairós*, ou seja, em oportunidade para que nos deixemos levar ainda mais fundo no coração de Cristo. Os líderes cristãos do futuro precisam ser teólogos, pessoas que conhecem o coração de Deus e que, mediante oração, estudo e análise cuidadosa, são treinadas a manifestar a santa obra salvífica de Deus em meio aos tantos episódios aparentemente aleatórios de seu tempo.

A reflexão teológica consiste em refletir, com a mente de Jesus, sobre as dores e as alegrias do dia a dia e, assim, despertar a consciência humana para o conhecimento da gentil instrução dada por Deus. Trata-se de uma disciplina difícil porque, não raro, a presença de Deus é implícita e, portanto, precisa ser desvelada. Os altos e impetuosos ruídos do mundo nos tornam surdos à suave, serena e amorosa voz de Deus. O líder cristão é chamado a ajudar as pessoas a ouvirem essa voz e, desse modo, alcançarem conforto e consolo.

Ao pensar no futuro da liderança cristã, eu me convenço de que ela precisa ser uma liderança teológica. Para que seja assim, muita coisa – muita mesmo – precisa acontecer nos seminários e nas escolas de teologia. É necessário que se tornem polos de treinamento para uma real compreensão dos sinais de sua época, e isso não se restringe ao treinamento do intelecto. Antes, envolve uma sólida formação espiritual que abarque a pessoa como um todo: corpo, mente e coração. Creio que somos pouco conscientes de quão seculares as escolas teológicas se tornaram. A maioria dos seminários não tem nenhum compromisso em formar líderes com a mente de Cristo, que não se ateve ao poder, mas se esvaziou de si, tomando a forma de escravo. Em nosso mundo competitivo e ambicioso, tudo milita contra essa postura. Todavia, quanto mais se buscar e reconhecer esse tipo de formação, mais esperança haverá para a Igreja do século XXI.

Conclusão

Permita-me fazer um resumo. Mudar de Harvard para L'Arche me deu uma nova percepção de quanto minhas ideias sobre liderança cristã haviam sido afetadas pelo desejo de ser relevante, popular e poderoso. Por vezes demais, entendi a relevância, a popularidade e o poder como ingredientes de um ministério eficaz.

A verdade, porém, é que esses anseios não são vocações, mas tentações. Jesus pergunta: "Tu me amas?" Ele nos envia como pastores e nos promete uma vida na qual, cada dia mais, teremos de estender as mãos e nos deixarmos conduzir a lugares para onde não queríamos ir. Ele nos convoca a trocar a busca por relevância por uma vida de oração, a substituir a busca por popularidade por um ministério mútuo e comunitário, a abrir mão da liderança baseada no poder por uma liderança em que sejamos capazes de discernir criticamente para onde Deus está nos levando, assim como a todo seu povo.

As pessoas em L'Arche me mostram novos caminhos. Aprendo devagar: não é fácil abandonar velhos padrões que outrora se provaram tão eficazes. Contudo, quando penso no líder cristão do século XXI, estou certo de que as pessoas com quem eu menos esperava aprender é que estão apontando para onde devo ir. Espero e oro para que o que estou aprendendo nesta minha nova vida não seja apenas algo bom para mim, mas que também ajude você a vislumbrar o líder cristão do futuro.

Obviamente, o que expus aqui não é nenhuma novidade, mas espero e oro para que você tenha percebido que a mais antiga e tradicional definição do que é um líder cristão ainda está por se materializar.

Fique com a imagem do líder de mãos estendidas, que escolhe uma vida em curva descendente. Esse é o retrato do líder que ora e que é vulnerável e confiante. Que essa imagem encha seu coração de esperança, coragem e confiança enquanto você antecipa o novo século.

Epílogo

Escrever estas reflexões foi uma coisa, apresentá-las em Washington, D.C. foi outra bem diferente. Quando chegamos ao aeroporto de Washington, Bill e eu fomos levados ao Hotel Clarendon, na chamada Cidade de Cristal, um conjunto de edifícios modernos e muito altos que parecem feitos totalmente de vidro e ocupam o mesmo lado do rio Potomac onde se situa o aeroporto. Impressionados com o esplendor do hotel, fomos acomodados em quartos amplos, com camas largas, TV a cabo e banheiros com muitas toalhas. Na mesa do quarto de Bill havia uma cesta de frutas e uma garrafa de vinho. Ele adorou aquilo! Telespectador tarimbado, Bill se acomodou confortavelmente em sua cama *queen size* e, munido de seu controle remoto, verificou cada um dos canais de TV.

Mas logo chegou o momento de comunicarmos juntos nossas boas-novas. Depois de um delicioso jantar em estilo *self-service*, num salão decorado com estátuas douradas e pequenas fontes d'água, Vincent Dwyer me apresentou à plateia. Até então, eu ainda não sabia exatamente o que significava aquela história de "estamos juntos nessa" a que Bill se referira antes da viagem. Iniciei minha fala informando que não estava sozinho e que me sentia muito feliz pelo fato de Bill ter ido até lá comigo. Em seguida, peguei o texto que havia escrito a mão e comecei meu discurso. No mesmo instante, notei que Bill havia deixado seu assento, caminhado até o púlpito e se posicionado bem atrás de mim. Ficou evidente que ele tinha uma noção bem mais realista do que a minha quanto ao significado de "estamos juntos nessa". Toda vez que eu terminava de ler uma página, ele a tirava de mim e a colocava, com o verso para cima, sobre uma mesinha próxima. Aquilo me deu tranquilidade, e passei a me sentir apoiado pela presença de Bill.

Ele, porém, tinha mais coisas em mente. Quando comecei a relacionar a tentação de transformar pedras em pães à tentação de ser relevante, Bill me interrompeu e disse bem alto para que todos escutassem: "Já ouvi isso antes!" E era verdade, mas Bill só queria que os sacerdotes e ministros ali soubessem que ele me conhecia muito bem e estava familiarizado com minhas ideias. Contudo, para mim foi como um lembrete gentil e amoroso de que meus pensamentos não eram tão inéditos quanto eu gostaria que a plateia acreditasse. A intervenção de Bill deu novo ar ao salão: mais leve, mais agradável e mais divertido. Em certo sentido, Bill desfez a sobriedade daquele momento, dando-lhe um tom despretensioso. À medida que prossegui com a apresentação, senti cada vez mais que estávamos fazendo aquilo juntos. E foi ótimo.

Quando cheguei à segunda parte e li o trecho "a pergunta que as pessoas com deficiência mental mais me faziam era: 'Você vai estar em casa hoje à noite?'", Bill me interrompeu de novo e informou: "É verdade. John Smeltzer sempre pergunta isso". Mais uma vez, seu comentário causou certa descontração. Tendo vivido na mesma casa que John Smeltzer durante uns bons anos, Bill o conhecia muito bem e apenas desejava que as pessoas soubessem alguma coisa acerca de seu amigo. Foi como se ele tivesse atraído a plateia para mais perto de nós, convidando-a à intimidade de nossa vida compartilhada.

Depois que terminei de ler meu texto e o público manifestou seu apreço, Bill me perguntou: "Henri, posso falar alguma coisa agora?" Minha primeira reação foi: "Ah, como vou lidar com isso? Ele pode começar a divagar e criar uma situação embaraçosa", mas me dei conta de que estava supondo que ele não tinha nada importante a dizer. Então me dirigi à plateia: "Podem se assentar, por favor? Bill deseja dizer algumas palavras a vocês".

Bill pegou o microfone e, com toda dificuldade que tem para falar, disse: "Quando Henri foi para Boston, ele levou John Smeltzer junto. Desta vez, Henri quis que eu viesse a Washington com ele, e estou muito feliz por estar aqui com vocês. Muito obrigado". Isso foi o bastante para que todos se colocassem em pé e lhe oferecessem um caloroso aplauso.

Enquanto deixávamos o púlpito, Bill me disse:

– Henri, gostou do meu discurso?

– Gostei muito! – respondi. – Todos ficaram felizes de verdade com o que você falou.

Ele ficou extasiado. Durante o coquetel com o público, sentiu-se mais livre do que nunca. Ia de uma pessoa a outra, apresentando-se, perguntando o que acharam da palestra e contando todo tipo de história sobre a vida em Daybreak. Fiquei mais de uma hora sem saber por onde ele andava. Bill estava ocupado demais conhecendo aquela gente toda.

Durante o café na manhã seguinte, antes de deixarmos o hotel, Bill foi de mesa em mesa – sem largar sua xícara de café – para se despedir de todos aqueles a quem conhecera na noite anterior. Não tive dúvida de que Bill havia feito muitos amigos e se sentira bastante à vontade naquele ambiente que lhe era tão incomum.

No voo de volta para Toronto, ele me olhou por sobre o livro de palavras cruzadas que carrega consigo aonde vai e disse:

– Henri, você gostou da nossa viagem?

– Ah, sim, foi uma viagem maravilhosa, e estou muito contente porque você veio comigo.

Ele me olhou atentamente e completou:

– Estávamos juntos nessa, não é?

Naquele instante me veio à mente a plena verdade das palavras de Jesus: "Porque onde dois ou três estiverem reunidos em meu nome, eu estarei ali no meio deles" (Mt 18,20). No passado, eu sempre palestrava, ministrava sermões e discursava sozinho e, por vezes, me perguntava quanto do que eu dissera seria lembrado depois pelo público. Agora estava claro para mim que as pessoas não se recordariam por muito tempo das coisas que eu lhes dissera naquele salão, mas também era certo que o fato de Bill e eu termos feito aquilo juntos não seria esquecido tão facilmente. Eu esperava e orava para que Jesus, que nos havia enviado e nos acompanhara durante toda a viagem, tivesse manifestado sua presença para aquelas pessoas no Hotel Clarendon, na Cidade de Cristal.

Quando nosso avião pousou, falei ao meu amigo: "Bill, muito obrigado por ter vindo comigo. Foi uma viagem maravilhosa, e tudo o que fizemos juntos foi feito em nome de Jesus". E eu disse isso com toda a sinceridade.

Guia de estudos

Introdução

Nouwen se questiona: "À medida que envelheci, fiquei mais perto de Jesus?" Faça a si mesmo essa pergunta.

1. *Da relevância à oração*

a. A tentação: ser relevante

"A primeira tentação de Jesus foi ganhar notoriedade." Em seu ministério, você já experimentou esse tipo de tentação?

b. A pergunta: "Tu me amas?"

"Você é apaixonado por Jesus?" Responda a essa pergunta de Nouwen.

"Você é amado de maneira incondicional e irrestrita." Você já teve dificuldade para aceitar que Deus o ama desse jeito? Separe um tempo para imaginar e sentir a imensidão do amor incondicional de Deus.

c. A disciplina: oração contemplativa

"A liderança cristã deve ser enraizada num relacionamento íntimo e permanente com Jesus, a Palavra encarnada, e é disso que devem extrair suas falas, conselhos e orientações." Imagine uma conversa sobre alguns assuntos polêmicos relativos à política e à moral citados por Nouwen na página 34. Como costuma ser esse tipo de conversa? Agora imagine como seria se o assunto fosse "a experiência do primeiro amor de Deus" e a conversa se fundamentasse na vivência da oração contemplativa.

2. Da popularidade ao ministério

a. A tentação: ser espetacular

Já aconteceu de as pessoas esperarem que você fosse um super-homem ou uma supermulher capaz de resolver sozinho(a) todo tipo de problema? Como você reagiu a essa expectativa?

b. A tarefa: "Apascenta as minhas ovelhas"

"Jesus é quem cura, não eu; Jesus é quem diz as palavras da verdade, não eu; Jesus é o Senhor, não eu." Segundo Nouwen, em que sentido a noção de liderança centrada em Jesus difere da liderança exercida por um psicólogo ou um médico?

c. A disciplina: confissão e perdão

"Ministros e sacerdotes […] são chamados a servir com tudo o que são, incluindo sua porção ferida." Pense em maneiras apropriadas de se abrir mais à sua comunidade.

3. Da liderança para a condição de liderado

a. A tentação: ser poderoso

"Parece mais fácil ser Deus do que amar a Deus." Descreva, com suas palavras, o que significa essa afirmação. Em sua opinião, por que às vezes temos dificuldade para amar a Deus?

b. O desafio: "Alguém vai conduzir você"

"Jesus tem uma visão distinta acerca da maturidade: é a capacidade e a disposição de nos deixar conduzir para onde não gostaríamos de ir." Pense na última vez em que Deus o convocou a mudar algo em sua vida. Foi difícil abandonar seus próprios interesses e seguir a orientação dele?

c. A disciplina: reflexão teológica

Na página 34, Nouwen descreve teologia como "união com Deus em oração". O que distingue a reflexão teológica da investigação psicológica ou científica?

"O líder cristão pensa, fala e age em nome de Jesus". Você consegue pensar em três maneiras pelas quais sua vocação pode ser aprimorada pelo ensino "em nome de Jesus"? De que forma você pode incluir a oração nesse contexto?

Críticas elogiosas a
Em nome de Jesus

Em nome de Jesus traz à tona conclusões espinhosas e instigantes acerca do significado e da relevância do ministério cristão.

Christianity Today

Um dos livros mais potentes que li nos últimos tempos.

Deacon Digest

Toda pessoa engajada no ministério cristão precisa ler este livro.

The Theological Educator

Uma obra incisiva, comovente.

Review and Expositor

Nouwen escreve de maneira sucinta, com clareza e simplicidade.

Sojourners

Um verdadeiro tesouro. Entre as capas deste pequeno livro há um conteúdo bem mais útil à vida cristã adulta do que em muitas obras três vezes mais extensas que ele.

Our Sunday Visitor

Você não vai demorar muito para ler este excelente livrinho, mas não se surpreenda se ele ocupar seus pensamentos por um bom tempo.

Chattanooga Times

Uma obra breve, mas poderosa, acerca do ministério.

Catholic Book Club

Embora o subtítulo indique se tratar de uma obra destinada a líderes, a mensagem nela contida é bem mais abrangente. […] Ótimo livro.

Nazarene Publishing House

A sabedoria aqui compilada é muito mais vasta do que aquela presente em livros dez vezes mais volumosos.

Leadership

Embora se dirija a quem ocupa alguma posição de liderança, esta singela mensagem pautada no Evangelho interessa a todo mundo.

Prairie Messenger

De modo inteligente e apaixonado, Nouwen trata da presente "crise ministerial" e faz uma vigorosa apologia ao ministério cristão.

Restoration Quarterly

A honestidade e a compaixão características de Nouwen permeiam cada página deste livro... Toda igreja deveria ter esta e as demais obras de Nouwen em sua biblioteca.

Church and Synagogue Library Association

A mensagem do livro é tão tocante e comovente quanto tudo o que já conhecemos da escrita de Nouwen. A imagem do líder servo junto das pessoas é algo que precisa ser enfatizado na Igreja repetidas vezes.

Sisters Today

Uma preciosidade.

Catholic Twin Circle

Aprecie os *insights* desse talentoso escritor, profundo pensador e, sobretudo, amante de Jesus.

Christian Home and School

Estas reflexões derivam da abertura do autor à própria batalha pessoal e ao autodesenvolvimento – em especial no que se refere a suas recentes experiências como sacerdote entre pessoas com deficiência mental integrantes da comunidade L'Arche. [...] De maneira impressionante, a mensagem de Nouwen expressa como ele foi fortemente influenciado pelo relacionamento com essas pessoas debilitadas. Emocionante e inspirador.

Library Journal

Conecte-se conosco:

- **f** facebook.com/editoravozes
- @editoravozes
- @editora_vozes
- youtube.com/editoravozes
- +55 24 2233-9033

www.vozes.com.br

Conheça nossas lojas:

www.livrariavozes.com.br

Belo Horizonte – Brasília – Campinas – Cuiabá – Curitiba
Fortaleza – Juiz de Fora – Petrópolis – Recife – São Paulo

EDITORA VOZES LTDA.
Rua Frei Luís, 100 – Centro – Cep 25689-900 – Petrópolis, RJ
Tel.: (24) 2233-9000 – E-mail: vendas@vozes.com.br

Clássicos da Espiritualidade

Confira outros títulos da coleção em

livrariavozes.com.br/colecoes/classicos-da-espiritualidade

ou pelo Qr Code

Conecte-se conosco:

- **f**   facebook.com/editoravozes
- ⌾   @editoravozes
- 𝕏   @editora_vozes
- ▶   youtube.com/editoravozes
- ☏   +55 24 2233-9033

www.vozes.com.br

Conheça nossas lojas:

www.livrariavozes.com.br

Belo Horizonte – Brasília – Campinas – Cuiabá – Curitiba
Fortaleza – Juiz de Fora – Petrópolis – Recife – São Paulo

EDITORA VOZES LTDA.
Rua Frei Luís, 100 – Centro – Cep 25689-900 – Petrópolis, RJ
Tel.: (24) 2233-9000 – E-mail: vendas@vozes.com.br